좀비 바이러스 연구

백명식 글·그림

강화에서 태어나 서양화를 전공했고, 출판사 편집장을 지냈습니다. 어린이들이 좋아하는 책을 쓰고 그릴 때 가장 행복합니다. 그린 책으로는 《몬스터 치과병원(전 4권)》《자연을 먹어요(전 4권)》《WHAT 왓? 자연과학편(전 10권)》 시리즈, 《책 읽는 도깨비》 등이 있으며, 쓰고 그린 책으로는 《돼지 학교(전 40권)》《인체과학 그림책(전 5권)》《맛깔나는 책(전 7권)》《저학년 스팀 스쿨(전 5권)》《명탐정 꼬치의 생태 과학(전 5권)》 시리즈 등이 있습니다. 소년한국일보 우수도서 일러스트상, 소년한국일보 출판부문 기획상, 중앙광고대상, 서울 일러스트상을 받았습니다.

안광석 감수

바이러스 박사님 안광석 교수님은 1985년 서울대학교 사범대학 생물교육과를 졸업하고 미국 일리노이 대학교에서 1994년에 박사학위를 받았어요. 박사 후 과정을 연구하는 동안 미국 샌디에고 스크립스 연구소에서 바이러스 면역학을 공부하였어요. 1997년에는 고려대학교 생명과학부 교수를 거쳤고 2004년 이후 현재까지 서울대학교 자연과학대학 생명과학부에서 바이러스 면역학을 연구하면서 헤르페스바이러스, 에이즈 바이러스와 관련된 60여 편의 국제 연구 논문을 발표하였어요.

좀비 바이러스 연구 3 죽음의 바이러스

백명식 글·그림 | 안광석 감수

1판 1쇄 인쇄 2021년 3월 15일 | 1판 1쇄 발행 2021년 3월 21일 | 펴낸이 정중모 | 펴낸곳 파랑새
등록 1988년 1월 21일(제406-2000-000202호) | 주소 경기도 파주시 회동길 152 | 전화 031-955-0670 | 팩스 031-955-0661
홈페이지 www.bbchild.co.kr | 전자우편 bbchild@yolimwon.com | ISBN 978-89-6155-926-3 74470, 978-89-6155-923-2(세트)

ⓒ백명식, 2021

· 책값은 뒤표지에 있습니다.
· 저작자와 출판사의 허락 없이 이 책의 일부 또는 전체를 인용하거나 발췌하는 것을 금합니다.

어린이제품안전특별법에 의한 제품 표시
제조자명 파랑새 | 제조년월 2021년 3월 | 제조국 대한민국 | 사용연령 6세 이상

좀비 바이러스 연구

3 죽음의 바이러스

백명식 글·그림 | 안광석 감수

파랑새

난, 잘못이 없다네!

박쥐 한 마리가 숲속을 날아다녀요.
바닥으로 똥을 떨어뜨리네요.
박쥐가 싼 똥에는 바이러스가 득실득실!

이때 곤충을 잡아먹으려 킁킁거리던 천산갑이 나타납니다.
천산갑은 박쥐가 싼 똥을 헤쳐 곤충을 쏙 잡아먹어요.
만약 바이러스가 자연과 사람을 넘나들면 어떻게 될까요?

내가 누구게?

바이러스가 무서워요.

사람들이 많이 사는 도시에서는 바이러스가 특히 빠르게 퍼져 나가요. 국가 간 교류로 왕래가 많아져서 세계적인 전염이 일어나기도 하지요. 밀림에 살던 동물에 숨어 있던 전염병이 무분별한 자연 개발로 사람에게 옮겨지기도 해요. 특히 전쟁이나 굶주림은 전염병을 창궐시켜 고통을 줍니다.

환경 파괴.

왜 사람들은 '죽음의 바이러스'라는 말을 사용할까요? 최근에 유행한 COVID-19를 예로 들어 볼까요? COVID-19는 숙주를 빨리 공격하지 않고 느리게 숙주 몸속에 숨어 들어가요. 꽤 긴 잠복기 때문에 바이러스에 감염된 사람은 자신이 감염된 사실을 모르고 평상시처럼 생활하죠.

이 때문에 많은 사람에게 바이러스가 전파되는 상황이 벌어져요. 증상이 나타나도 인후통, 열, 기침 등 보통의 감기 같은 증세로 나타나는 경우가 많기 때문에 대수롭지 않게 생각하기도 해요. 그래서 더 위험하답니다.

우리가 숨 쉬는 공기뿐만 아니라 물속, 책상, 이불 등 바이러스가 살지 않는 곳은 없답니다. 세상 구석구석 어디든지 바이러스가 있어요. 바이러스는 세균, 동물, 식물, 곰팡이 등 지구에 살고 있는 모든 생물체의 세포에 침투해 감염시킬 수 있어요.

이렇게 얄밉고 고약한 바이러스는 어떻게 나타났을까요? 과학자들은 세균보다 훨씬 작은 바이러스를 최초의 생명체로 보았어요. 하지만 바이러스는 세포가 있어야만 살아갈 수 있죠. 이 사실을 알게 된 과학자들은 세균이 생긴 다음에 바이러스가 나타났다는 결론을 내렸어요.

바이러스의 정체를 밝히는 데 큰 역할을 한 건 바로 전자 현미경이에요. 독일의 물리학자 에른스트 루스카가 1953년 전자 현미경을 개발했어요. 에른스트 루스카는 이 공로로 1986년 노벨물리학상을 수상했어요.

전자 현미경은 빛 대신 음극선으로 대상을 비추어 관찰하는 기구예요. 공기가 없는 진공 상태에서만 작동하는 특성이 있어요. 관찰 대상을 10만 배 이상의 크기로 확대해 그 구조를 볼 수 있지요.

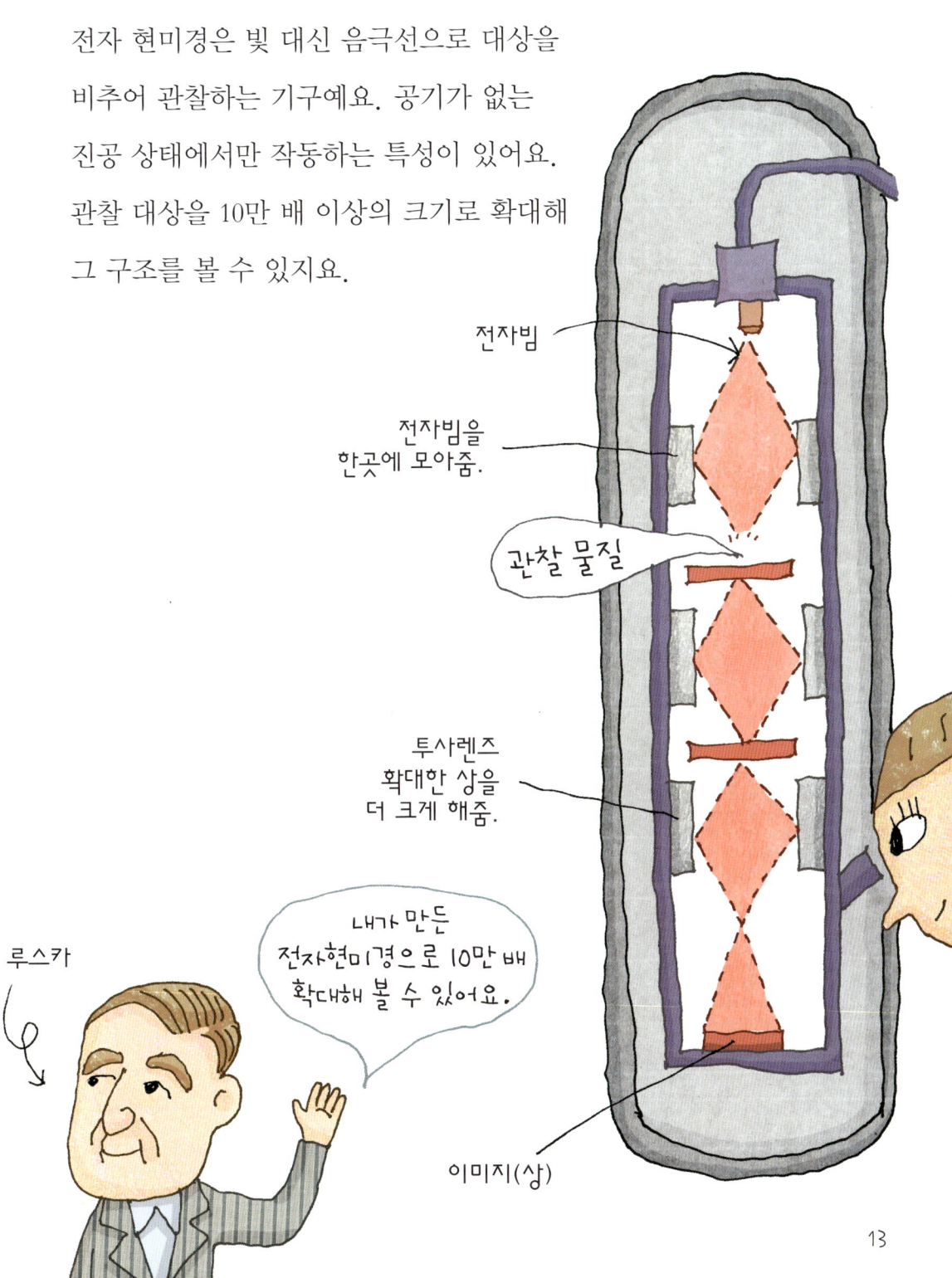

바이러스 중에도 이롭게 이용되는 것이 있어요. 바로 박테리오파지입니다. 박테리오파지는 세균 속으로 들어가 세균을 죽이는 바이러스예요. 줄여서 '파지'라고 부르기도 해요. 파지는 머리와 꼬리로 되어 있어요. 생김새는 마치 달나라로 떠났던 아폴로 11호처럼 생겼죠. 1915년 영국의 프레데릭 트워트는 포도상 구균을 키우다가 균이 투명하게 녹는 것을 발견했어요. 그 부위를 떼어 다른 포도상 구균에 넣었더니 그 균도 녹아 버렸어요.

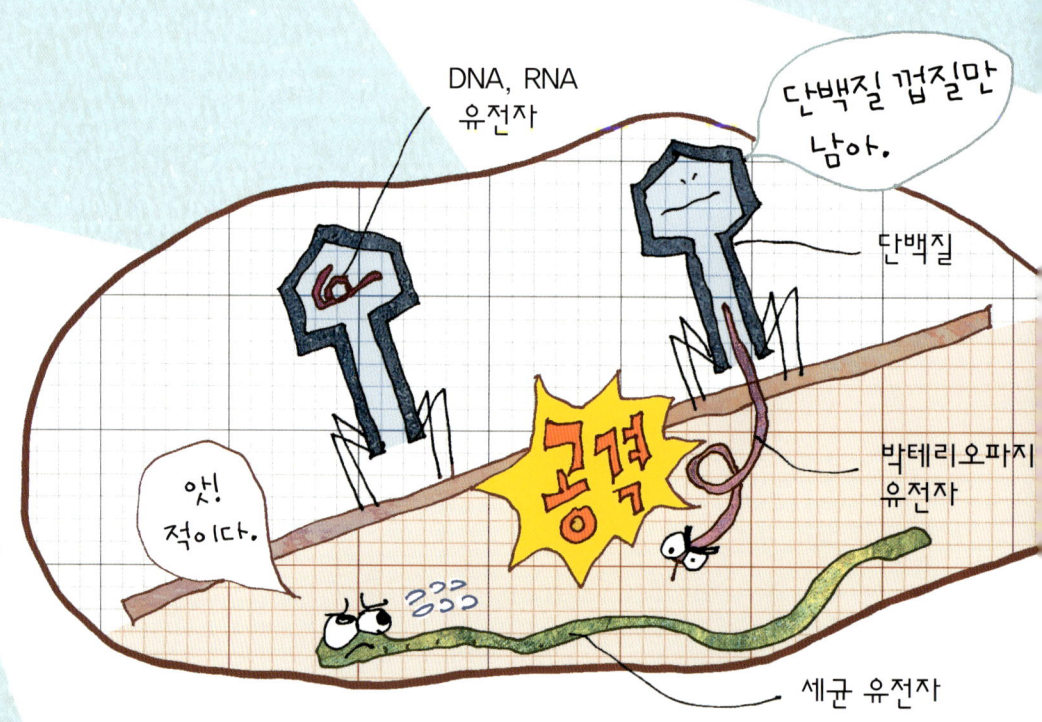

프레데릭은 이 물질이 세균이 만들어 낸 독이라고 생각했어요. 그 후 세균학자 펠릭스 데렐이 그 물질이 세균을 죽인다는 점에 주목해 박테리오파지라는 이름을 붙였어요.

교통과 통신의 발달로 세계는 가깝고도 좁아지고 있어요. 자유롭게 세계를 여행하고 식품은 물론, 동물이나 식물도 상품으로 교역하지요. 이 과정에서 바이러스와 세균이 이동하고 전염병이 세계적으로 퍼져 나가요. 사스, 신종 인플루엔자, COVID-19와 같은 현대에 등장한 바이러스도 사람들의 잦은 여행과 교류를 통해 전 세계로 빠르게 퍼져 나간 거예요.

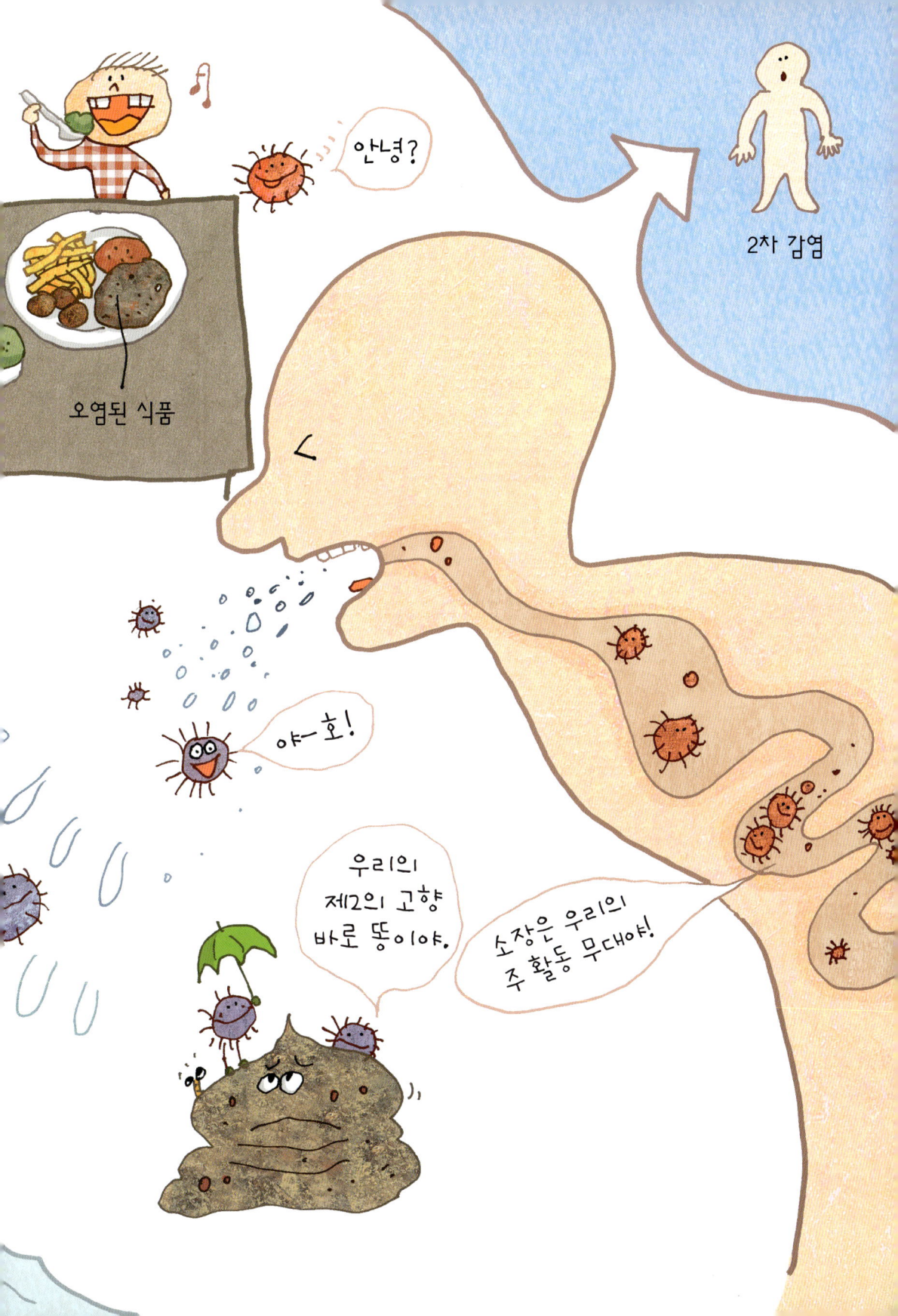

그렇다면 역사상 가장 많은 피해를 준 전염병은 무엇일까요? *천연두랍니다. 5억 명 이상의 인류가 천연두로 사망했는데, 전쟁으로 사망한 사람보다 훨씬 많았죠. 소아마비 바이러스도 많은 어린이들을 불구로 만들거나 죽게 했어요. 그 밖에 홍역, 스페인 독감, 광우병, *황열, 에볼라, 인플루엔자 바이러스 등 인류를 위협하는 무서운 바이러스들이 계속 나타나요.

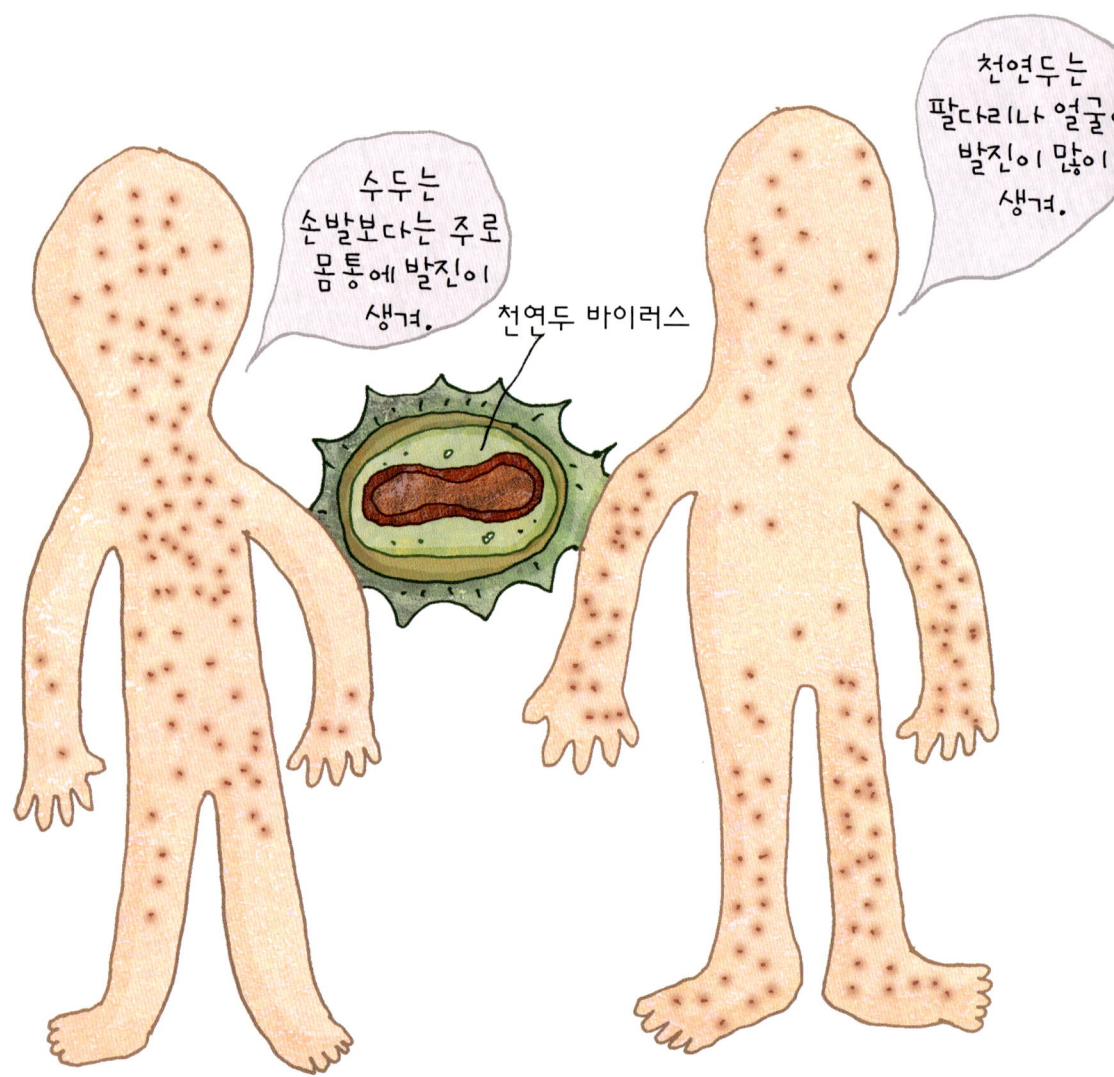

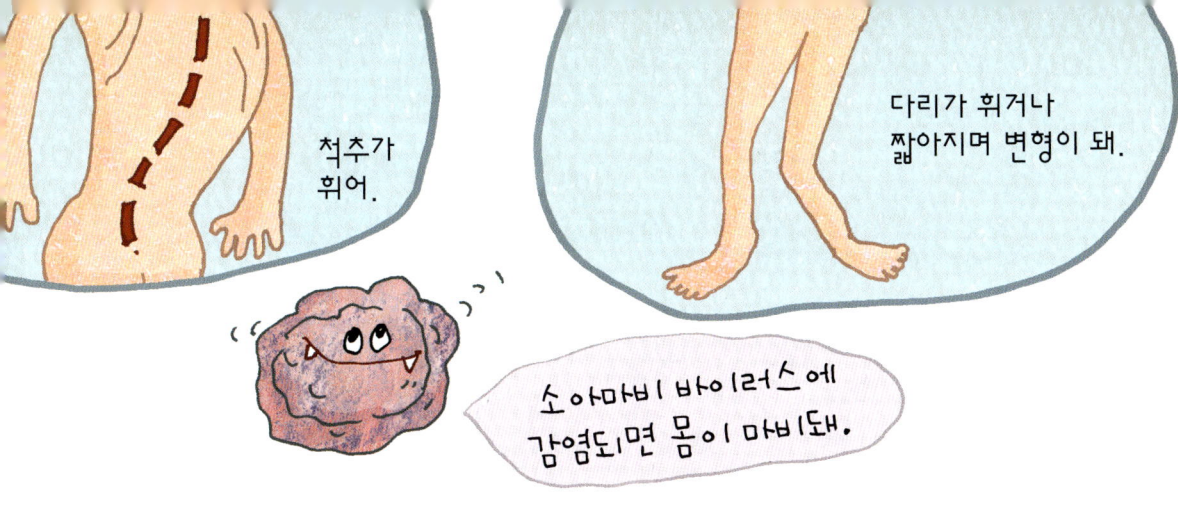

*천연두: 천연두 바이러스가 일으키는 급성 전염병으로, 열이 나고 온몸에 발진이 생겨 딱지가 저절로 떨어지기 전에 긁으면 피부가 얽어요. 전염력이 강해서 예전에는 사망률도 높았지만 최근에는 예방 주사로 인해 연구용으로만 그 존재가 남아 있어요.

*황열: 아프리카 서부와 남아메리카에서 볼 수 있는 전염병으로, 황열 바이러스가 주로 사람의 간과 콩팥을 침범하는데, 열이 나고 피가 섞인 검은색의 구토와 황달을 일으키며 사망률이 높아요.

바이러스 감염은 어떻게 일어날까요?

세균이나 바이러스 등이 동물이나 식물의 몸속으로 들어와 그 수가 불어나는 것을 감염이라고 해요. 감염을 일으킨 생물이 다른 개체에 침투하는 경로를 '감염경로'라고 합니다. 사람 간의 전염은 주로 공기, 침, 신체 접촉 등에 의해 일어나요.

또다른 안식처로 출~발!

1. 공기
바이러스가 공기 중에 떠다니다가 사람이 공기를 흡입할 때 호흡기를 통해 바이러스가 침투하여 감염이 일어나요.

2. 침방울
대화를 하거나 재채기를 할 때 침과 함께 입 밖으로 튀어나간 바이러스가 가까이에 있는 사람을 감염시켜요.

3. 신체 접촉
주로 손을 통해 감염되는데, 감염자의 배설물이나 침 등이 손에 묻으면서 바이러스가 이동하게 됨에 따라 감염이 일어나요.

바이러스 감염을 막으려면 어떻게 해야 할까요?

어떤 바이러스는 감염되어도 우리 몸속의 항체에 의해 자연적으로 치료되기도 해요. 하지만 항체를 이기는 독한 바이러스에게는 당할 수 없기 때문에 예방이 중요해요.

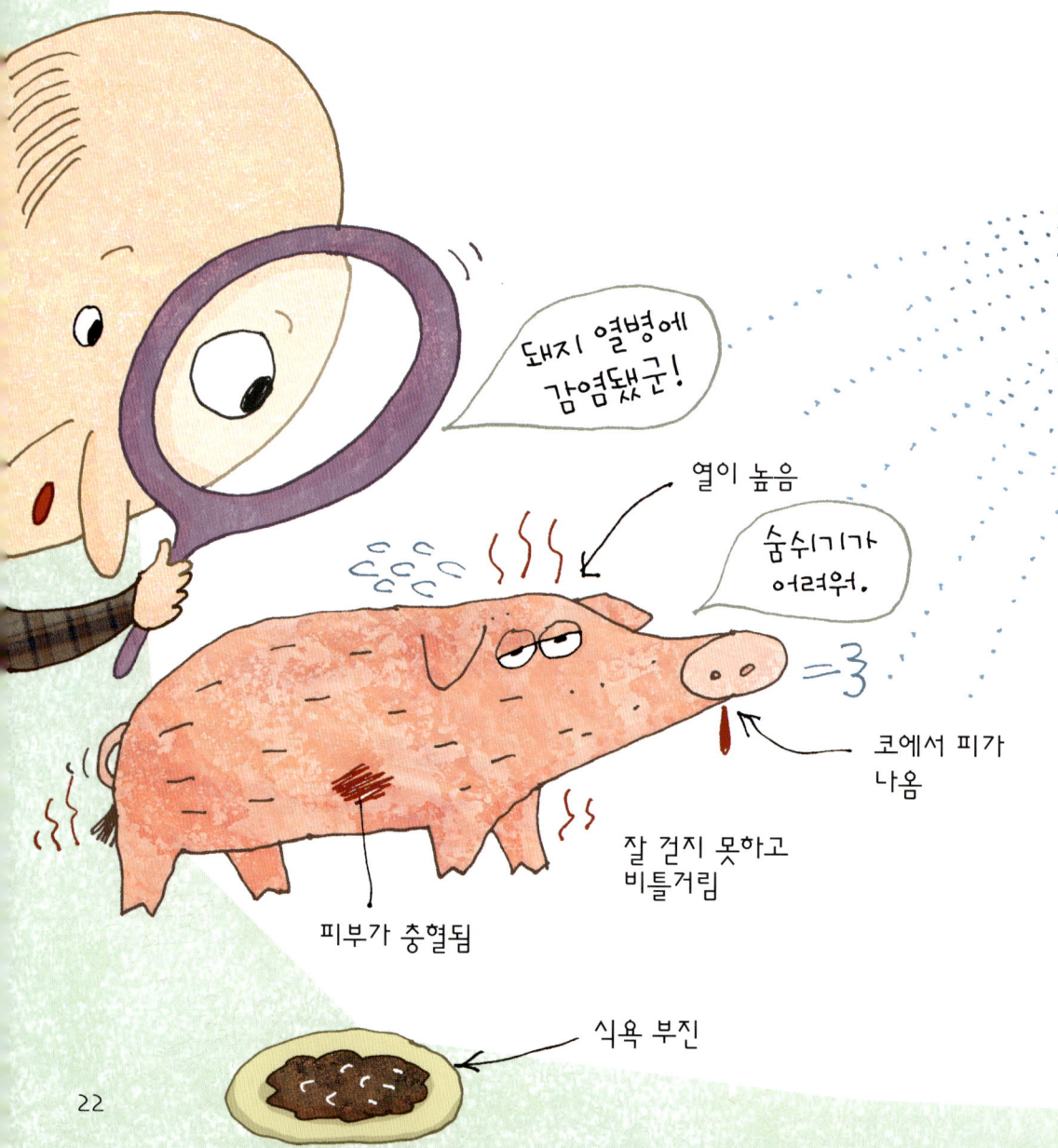

1. 손을 제대로 자주 씻기!

식사 전이나 화장실에 다녀온 후에는 반드시 손을 씻어요. 손에 묻은 바이러스가 눈, 코, 입을 통해 몸속으로 들어와요. 손만 잘 씻어도 질병의 70~80%는 예방할 수 있답니다.

2. 거리 두기!

많은 사람이 모이는 장소, 환기되지 않는 공간은 특히 위험해요. 바이러스 전파가 유행하면 사람들과 일정한 안전거리를 유지하고, 자주 환기해야 해요. 마스크 쓰기도 중요하죠. 면역력이 약한 노약자는 특히 주의!

식물바이러스

식물 세포에 감염하여 증식하는 바이러스를 식물바이러스라고 불러요. 식물바이러스는 사람에게 해를 끼치지는 않아요. 과일이나 채소에 발생하는 바이러스는 오로지 식물에만 살아요. 감자 풋마름병, 담배 모자이크병 등이 식물바이러스 때문에 식물에 생기는 질병이에요.

호흡기로 전염되는 바이러스

가장 흔한 질병인 감기는 주로 리노바이러스, 코로나 바이러스, 아데노바이러스, 인플루엔자 바이러스 등이 일으킨다고 알려져 있어요. 주로 입과 코를 통해 전염되죠.

소변과 대변?

오줌과 똥 얘기일까요? 아니에요. 바이러스의 변이가 적으면 '소변', 변이가 많으면 '대변'이라고 하는 거예요. 변이가 적은 바이러스에 감염되면 건강한 사람의 경우 간단한 약을 먹는 정도로 충분히 치료할 수 있어요. 하지만 대변일 경우 문제가 심각하죠. 변이가 많은 신종 바이러스가 발생하면

우리가 슈퍼스타가 됐어! 히히!

팬데믹 (Pandemic)

세계 보건 기구 감염병 경보 단계

1단계	동물들 간에 한정된 감염 단계예요.
2단계	소수의 사람에게 감염이 시작되는 단계예요.
3단계	사람 사이의 전염이 퍼져 나가는 단계예요.
4단계	전파가 크게 확대되어 전염병이 되는 단계예요.
5단계	두 개 이상의 국가에서 전염병이 급속히 퍼지는 단계예요.
6단계	전 세계적인 감염병 확산 상태예요.

빠르게 전파하여 세계적인 대유행이 발생하는데, 이를 *팬데믹이라고 불러요.

*팬데믹: 세계보건기구(WHO)가 규정한 전염병의 경고 등급 중 최고 경고 등급.

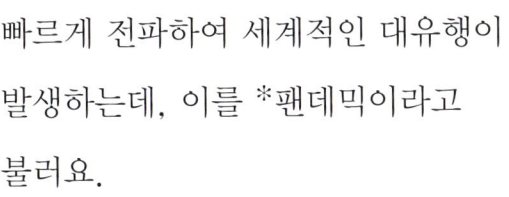

소변이는 '변이'가 적은 경우.

대변이는 '변이'가 심한 경우

신종 바이러스는 이전에 발견되지 않았던 새로운 바이러스죠. 신종 바이러스는 감염에 대한 대처가 어렵게 세계적 대유행을 만들곤 해요. 백신이 없기 때문에 세계 인구의 약 30% 이상이 감염될 수 있는 위험이 있지요. 그럼 바이러스는 영원히 생존할까요? 그렇진 않아요.

시간이 지나면 사람들 몸속에 항체가 생기면서 바이러스는 항체를 이기지 못하고 차차 없어지게 돼요. 이때부터 신종 바이러스에 의한 전염병은 점차로 감소되어 사라지게 된답니다. '집단 면역'이 형성되어 저항력이 생기는 거예요.

면역을 위해 우리 몸에 투여하는 것이 바로 백신이에요. 대개 균에 조작을 가해 독소를 약화시키거나 죽게 하는 주사약 형태죠. 세균이 몸속으로 들어오면 백신과 싸워 힘을 키운 항체가 세균을 물리쳐요. 백신은 1798년 영국의 의사 에드워드 제너가 천연두 치료를 위해 사람들에게 바이러스를 접종한 것이 시초예요. 우두 환자의 고름을 채취해 균을 약하게 만들어 8살 소년의 팔에 주사한 뒤 6주 후 진짜 천연두 고름을 주사했지요. 놀랍게도 소년은 천연두에 걸리지 않고 멀쩡했답니다!

세균으로부터 몸을 지키는 항체다!

약한 세균으로 힘센 항체를 만들어.

백신을 만든 제너

마침내 1980년 5월 8일 세계 보건 기구(WHO)는 천연두가 지구상에서 완전히 사라졌음을 선포했어요. 장티푸스, 콜레라, 페스트, 결핵, 소아마비, 홍역, 간염 등 인류를 괴롭힌 수많은 질병이 백신을 통해 예방 가능하게 되었어요.

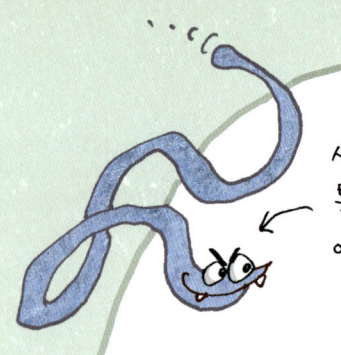

생긴 것도 특이한 무서운 에볼라 바이러스

바이러스가 치명적인 건 생명을 위협해서예요. 세계적으로 가장 무서운 바이러스로 알려진 건 에볼라 바이러스예요. 1976년에 영국의 미생물학자 피터 피옷 박사가 아프리카 콩고민주공화국 에볼라 강 유역에서 발견했는데, 감염되면 고열과 두통이 나타나요.

자연과 사람을 넘나드는 바이러스

박쥐?

숲속의 영장류?

바이러스가 혈관을 통해 장기로 이동해 피를 토하게 해서 며칠 안에 사망해요. 아직 백신도 없어요. 과학자들은 에볼라 바이러스가 주로 서아프리카를 중심으로 퍼진다는 사실에 주목하여, 자연적 숙주를 추측하고 찾아가고 있어요. 자연 속의 숙주를 찾아야 발병의 원인을 파악할 수 있기 때문이죠.

2차 감염

1차 감염

바이러스는 오염된 물이나 공기 중에 숨어 있다가 얌체 도둑처럼 몰래 동식물의 몸속으로 들어가요. 혼자 힘으로 에너지를 얻을 수 없기 때문에 세포 속에 들어가 자신의 유전자를 몰래 심어 놓죠. 그러면 세포분열에 얹혀 같이 증식할 수 있어요.

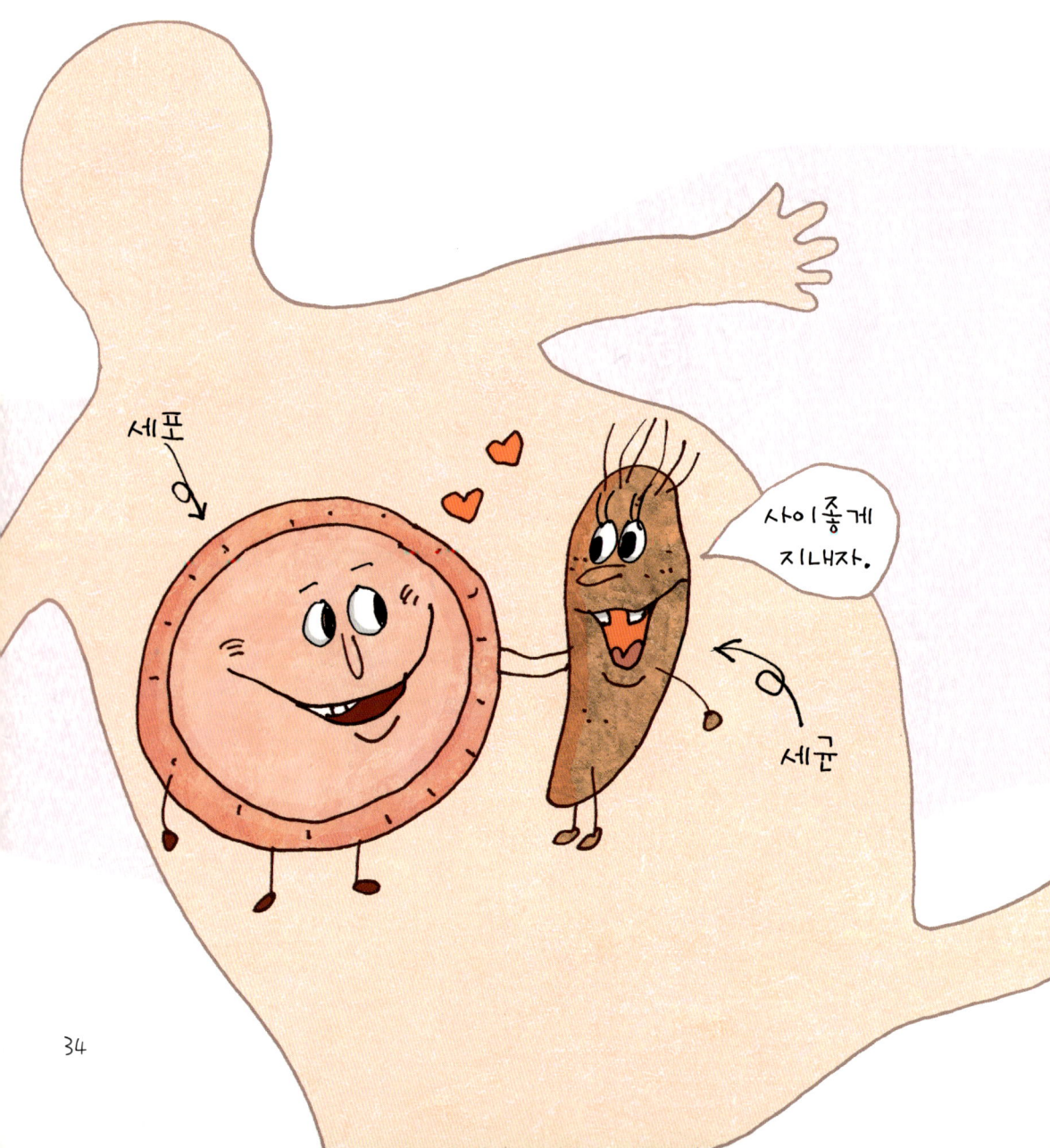

이렇게 증식한 바이러스는 세포를 뚫고 나가 다른 세포 속으로 들어가 똑같은 과정을 되풀이해요. 반면 세균은 우리 몸에 상처가 나면 그 틈을 타 침투하는데, 혼자 힘으로도 에너지를 얻고 살 수 있어요. 세균은 때때로 숙주와 사이좋게 지내기도 한답니다.

바이러스는 우리 주변 어디에서든 살고 있어요. 밝혀진 바이러스 종류만 해도 1,400여 종이 넘어요. 바이러스는 계속해서 인류를 위협할 거예요. 우리는 바이러스를 완전히 정복할 수 없어요. 다만, 바이러스로 인한 질병을 줄이고 예방하기 위해 최선을 다해야 해요. 특히 면역력이 약하거나 몸에 병이 있는 사람들은 쉽게 바이러스 감염이 될 수 있어요. 면역력을 높이려면 어떻게 해야 할까요? 규칙적인 식사와 운동 그리고 위생적인 생활 습관으로 건강을 유지하는 게 가장 중요해요.

역사 속의 전염병과 죽음

옛날 사람들이 제일 두려워한 질병은 뭘까요?

사람들이 모여 살기 시작하면서 전염병은 크게 번지기 시작했어요. 고대 그리스 아테네에서 발생한 아테네 역병이 최초의 전염병이라고 전해져요. 바로 장티푸스라는 전염병이었지요. 오염된 물이나 음식으로 전파되는 질병이에요.

로마를 휩쓴 천연두는 수백만 명의 목숨을 앗아 갔어요.

교통의 발달로 대륙 간의 교류가 활발해지면서 배에 타고 있던 쥐들도 전염병을 퍼뜨렸어요.

그중에 최고 공포는 '페스트'였어요.
14세기 페스트균으로 인한 흑사병은 수억 명의 사람을 죽게 했어요.
19세기 산업 혁명 전후로는 콜레라, 결핵 등 새로운 질병이 생겼어요.
20세기에는 인플루엔자 독감이 나타났죠.
1918~19년 유행한 독감은 14세기 흑사병과 더불어 전 세계 인구를 가장 많이 죽게 한 질병으로 기록됐어요.

행복한 아이
파랑새

미생물투성이 책 전 4권

친구일까? 적일까? 너무 작아 우리 눈에 잘 보이진 않지만, 우리가 사는 모든 곳에 존재하는 미생물의 비밀을 파헤쳐 봐요!

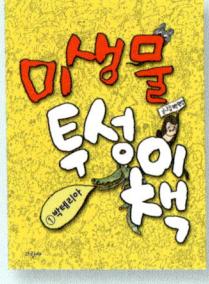 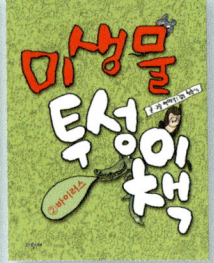 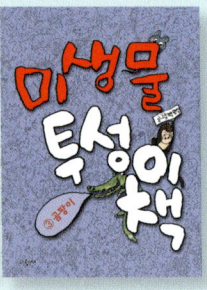 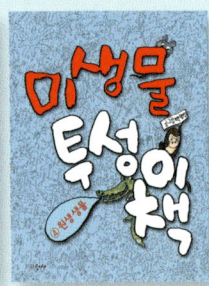

1 박테리아
백명식 글 · 그림 | 44쪽 | 12,000원

2 바이러스
백명식 글 · 그림 | 44쪽 | 12,000원

3 곰팡이
백명식 글 · 그림 | 44쪽 | 12,000원

4 원생 생물
백명식 글 · 그림 | 44쪽 | 12,000원

냄새 나는 책 전 5권

우리 몸에서 풍기는 구리구리 지독한 냄새들! 냄새에 관한 우리 몸의 비밀을 파헤쳐 봐요!

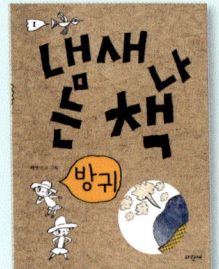 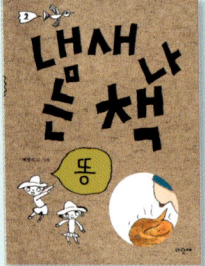   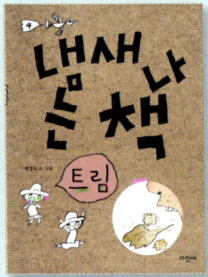

1 방귀
백명식 글 · 그림 | 40쪽 | 12,000원
★조선일보 추천 도서
★한우리 추천 도서

2 똥
백명식 글 · 그림 | 40쪽 | 12,000원
★조선일보 추천 도서

3 땀
백명식 글 · 그림 | 40쪽 | 12,000원
★조선일보 추천 도서

4 오줌
백명식 글 · 그림 | 40쪽 | 12,000원
★조선일보 추천 도서

5 트림
백명식 글 · 그림 | 40쪽 | 12,000원
★조선일보 추천 도서

WHAT? 초등과학편

교과서 단원별 과학적 주제를 동화로 읽으면서
교과학습 능력을 보충하고 심화해 나가며, 과학 지식과 창의력을 키워 줍니다.

1 소화와 감각 기관
이상배 글 | 백명식 그림 | 80쪽 | 9,900원

2 지구와 달
유영진 글 | 백명식 그림 | 80쪽 | 9,900원

3 날씨
신혜순 글 | 백명식 그림 | 84쪽 | 9,900원

4 동물 ★대교솔루니 선정
조선학 글 | 이육남 그림 | 80쪽 | 9,900원

어메이징 사이언스 전 8권

영국 내셔널 커리큘럼을 기초로 만들어진 어린이 과학책. 흥미 위주의 단편적 과학 지식은 NO!
전 세계 어린이 과학에서 다루는 주제를 선별하여 어린이 눈높이에 맞춘 통합적 과학 지식을 제공합니다.

★ 스쿨 라이브러리엔 북 어워드 베스트 북

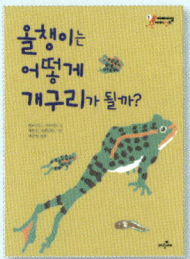 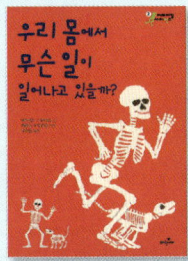  

1 올챙이는 어떻게 개구리가 될까?
데이비드 스튜어트 글 | 캐롤린 프랭클린 그림 | 이응일 옮김 | 32쪽 | 11,000원
★ 경기도 학교도서관 사서협의회 추천

2 우리 몸에서 무슨 일이 일어나고 있을까?
데이비드 스튜어트 글 | 캐롤린 프랭클린 그림 | 이응일 옮김 | 32쪽 | 11,000원
★ 경기도 학교도서관 사서협의회 추천

3 달걀은 어떻게 닭이 될까?
타냐 칸트 글 | 캐롤린 프랭클린 그림 | 이지윤 옮김 | 32쪽 | 9,500원
★ 어린이문화진흥원 선정 좋은 어린이책
★ 경기도 학교도서관 사서협의회 추천

4 씨앗은 어떻게 해바라기가 될까?
데이비드 스튜어트 글 | 캐롤린 프랭클린 그림 | 안현경 옮김 | 32쪽 | 12,000원
★ 경기도 학교도서관 사서협의회 추천

5 애벌레는 어떻게 나비가 될까?
타냐 칸트 글 | 캐롤린 프랭클린 그림 | 안현경 옮김 | 32쪽 | 11,000원

6 고래는 어디로 이동할까?
타냐 칸트 글 | 캐롤린 프랭클린 그림 | 이지윤 옮김 | 32쪽 | 11,000원

7 나비는 왜 이동할까?
타냐 칸트 글 | 캐롤린 프랭클린 그림 | 김양미 옮김 | 32쪽 | 11,000원

8 곰은 어떻게 겨울을 날까?
캐롤린 프랭클린 글·그림 | 김양미 옮김 | 32쪽 | 11,000원

WHAT? 초등과학편은 계속 출간됩니다.

5 질병과 건강
임정순 글 | 백명식 그림 | 84쪽 | 9,900원

6 인체
조선학 글 | 백명식 그림 | 80쪽 | 9,900원

7 식물
서지원 글 | 권정선 그림 | 84쪽 | 9,900원

8 자연재해
황근기 글 | 백명식 그림 | 76쪽 | 9,900원

9 우주
김지현 글 | 송효정 그림 | 80쪽 | 9,900원

10 스마트 기기와 3D
강이든 글 | 박재현 그림 | 84쪽 | 9,900원

11 열 ★한국아동문학인협회 선정
김지현 글 | 김설희 그림 | 112쪽 | 9,900원

12 핵과 원자력 ★으뜸책 선정
황근기 글 | 송진아 그림 | 112쪽 | 9,900원

13 빛과 소리
김지현 글 | 박연옥 그림 | 112쪽 | 9,900원

14 물질의 혼합과 산과 염기
황근기 글 | 이혜경 그림 | 112쪽 | 9,900원

15 화석과 지층
황근기 글 | 조이랭 그림 | 112쪽 | 9,900원

16 세포
이승진 글 | 최해영 그림 | 112쪽 | 9,900원

17 유전
장혜미 글 | 박재현 그림 | 112쪽 | 9,900원

18 줄기세포
윤상석 글 | 김다정 그림 | 112쪽 | 9,900원

19 빅데이터
강이든 글 | 이상미 그림 | 112쪽 | 9,900원

20 로봇과 인공지능
강이든 글 | 심보영 그림 | 112쪽 | 9,900원